W0244004

Nina Pfau

7 Minuten Sternenkraft

Atempausen für jeden Tag

nymphenburger

Inhalt

Einleitung

Die Magie der Astrologie

Es ist Winter, ich sitze auf der Couch und frage mich, wie ich wieder ein glücklicheres Leben führen kann. Scrolle bei Amazon – ich liebe Bücher. Ein Astrologie-Buch gesehen, gekauft, sofort gelesen. Das war der Beginn einer ganz neuen Reise zu mir selbst. In diesem Buch nehme ich dich mit in die Planetenenergien. Wie kannst du die Energie an jedem Wochentag gezielt für dich nutzen? Ich erzähle es dir. Danke, dass du offen bist für dieses Wissen.

Doch lass uns zuerst über die Geschichte der Astrologie sprechen. Nach diesem Teil erfährst du dann, wie ich zu Astrologie kam und was das für mich bedeutet hat.

Von jeher hatten Menschen ein Interesse daran, die größeren Zusammenhänge der Welt zu verstehen. Astrologie ist eine der ältesten Wissenschaften der Welt. Früher wurde sie zusammen mit Astronomie an Universitäten gelehrt. Heute hat sie ihren Platz noch oft in einer seltsam anmutenden esoterischen Ecke. Doch das Bewusstsein der Menschheit für Astrologie steigt. Immer mehr Menschen sind bereit, ihre eigene Persönlichkeit zu entschlüsseln. Im Prinzip ist Astrologie die Berechnung der Planetenstände. Durch die Berechnung konnte erforscht werden, wie die Erde, Mensch und Tier auf gewisse Zyklen reagieren. Diese Berechnungen setzen wir in Bezug zum Erleben des Menschen. Gerade in der psychologischen Astrologie nutzen wir die kosmischen Energien, um tiefe Selbsterkenntnis zu erlangen – wie innen, so außen, wie oben, so unten. So konnte zum Beispiel beobachtet werden, dass die ersten Triebe in der Natur sprießen, wenn die Sonne in das Zeichen Widder wandert. Menschen, die diese Widder-Energie in sich tragen, sind oft Pioniere, denn sie dürfen neues Terrain erobern.

Astrologie – dieses Wort kommt aus dem Griechischen und setzt sich aus *Astron* (= der Stern) und *Logos* (= der Geist) zusammen. Was so viel bedeutet wie Sternenlehre. Durch die Beobachtung der Gestirne am Himmel und der Berechnung von Zyklen können wir sehr viel über die kollektive Zeitqualität aussagen. Die ersten astrologischen Aufzeichnungen gab es schon im alten Mesopotamien. Sumerer und Babylonier dokumentierten den Stand von Sonne und Mond. So lernten die Menschen mehr über Zyklen und richteten zum Beispiel ihre Ernte danach aus. Später ging dann aus der Beobachtung des Mondes, und viel später aus der des Sonnenstands unser heutiger Kalender hervor. Im europäischen Raum wird meist der gregorianische Kalender gebraucht. Dieser ist ein Sonnenkalender. Gekennzeichnet durch die vier Eckpunkte eines Sonnenjahrs. Von der Frühjahrs-Tag-und-Nachtgleiche, über die Sommersonnenwende zur Herbst-Tag-und-Nachtgleiche, bis hin zur Wintersonnenwende und wieder von Neuem. Astrologisch gesehen tritt die Sonne zu jedem dieser vier Sonnenfeste in ein neues Eckzeichen ein. Zum astrologischen Neujahr tritt die Sonne zum Beispiel in den Widder ein. Deshalb beginnt ein astrologisches Jahr in unseren Breiten erst im Frühjahr.
In muslimischen Ländern wird noch heute hauptsächlich der Mondkalender genutzt. Ein neuer Monat beginnt, wenn kurz nach Neumond die Mondsichel am Himmel leuchtet.
Das Mondjahr besteht ebenfalls aus 12 Monaten, ist jedoch um 10/11 Tage kürzer als unser Sonnenjahr.

Mithilfe der Astrologie kannst du jedes Thema und alle Lösungsansätze im Chart sehen.

Willst du nun wissen, wie ich zur Astrologie kam? Aufgewachsen in guter Mittelschicht, dachte ich lange, mein Leben verliefe normal. Erst später und durch die Astrologie verstand ich, dass das, was ich schon früher oft fühlte, wahr ist. Anders, und im positivsten Sinne anders, war ich schon immer. Als ich nach schweren Traumata plötzlich nicht mehr gesellschaftstauglich war, begann ich Dinge und Muster der Menschen zu hinterfragen. Ich fragte mich: Was ist normal? Wer hat diese Normen aufgestellt? (Uh ja, da spricht meine Wassermann-Sonne.) Gibt es Menschen, die wirklich glücklich sind? Was ist der Sinn dieses Lebens? Warum musste ich so tiefes Leid erfahren? Und war/ist mein Leid im Vergleich zu beispielsweise Kriegsflüchtlingen überhaupt berechtigt? All diese Fragen trieben mich um. Nicht mehr arbeitsfähig, geplagt von Ängsten und anderen Dingen, suchte ich nach Wegen der Heilung. Alle möglichen Formen der Psychotherapie, Medikamente und Traumatherapie brachten mich nicht viel weiter. Um den Weg abzukürzen: Sternzeichen fand ich interessant, glaubte jedoch nicht, dass da viel dahintersteckt. Du erinnerst dich an das Buch von Amazon,

von oben. Ich las zuerst nur über meine Sonne und den Aszendenten. Doch schon daraus ergaben sich erstaunliche Erkenntnisse.
Heute kann ich nicht mehr sagen, wie ich die Kraft fand. Denn meine Tage waren gezeichnet von schweren Depressionen, Panikattacken und mehr, ich sah keinen Sinn mehr im Leben, aß und schlief monatelang kaum. Auch körperlich war ich am Ende. Doch irgendwie fand ich die Kraft, mehr Bücher zu lesen und schließlich einen Astrologen zu kontaktieren. Ich begann eine Astrologie-Ausbildung. Immer tiefer lernte ich mich kennen und zu verstehen, warum gewisse Dinge so passiert sind. Nicht, dass das irgendetwas entschuldigt hätte, doch Verständnis kann Bewusstsein schaffen. Daraus kann sich wiederum Akzeptanz entwickeln. So konnte ich es schaffen, mit dem eigenen Weg Frieden zu schließen. In mir entstanden neuer Lebenswille, Freude, Neugier und eine zarte Hoffnung. Ich kann nicht in Worten ausdrücken, was Astrologie für mich bedeutet. Die Entwicklung war von 0 auf 1000!
Als mein erster Lehrer mir damals sagte, „Nina, irgendwann wirst du Astrologie lehren“, war das so ein fremder und gleichzeitig freudiger Gedanke. Ich spürte, mit der Erkenntnis kann ich Themen bewältigen und neue Kraft schöpfen. Mehr und mehr fing ich an, meine Schöpferkraft zu leben. Irgendwann fing ich an, Freunden und Bekannten unentgeltlich Readings zu geben. Ich hatte wieder einen Sinn gefunden und schaffte es, Menschen und mich selbst zu begeistern.
2021 gründete ich schließlich *Universumspost*. Ziemlich schnell wurde ich damit erfolgreich. Doch das war nie mein Antrieb, mein Antrieb war die Freude, Menschen zu zeigen, wie sie ihre Kraft ebenso leben können, durch Astrologie. 2021 im Sommer fragte dann der Verlag an, dieses Buch zu schreiben. Es war immer ein großer Wunsch von mir, eines Tages ein Buch zu schreiben, so schnell hatte ich allerdings gar nicht damit gerechnet.

Es ist mir eine Freude, dir die Planeten näherzubringen. Denk dran, ich habe es geschafft, meinem Leben eine neue Richtung zu geben, du schaffst das auch! Was nicht heißt, dass es keine Themen mehr in meinem Leben gibt, mit denen ich auch heute noch kämpfe. Wir alle haben immer wieder solche Themen. Mit dem Wissen der Astrologie kannst du nur so viel besser damit umgehen.
In diesem Buch möchte ich dir einen Einblick geben, wie du die Kraft der Planeten jeden Tag für deine Bewusstseinsarbeit nutzen kannst. Wusstest du, dass unsere Wochentage durch Astrologie entstanden – spannend, oder? Bevor die Planeten Uranus, Neptun und Pluto entdeckt wurden, gab es sieben bekannte Planeten, streng genommen Planeten und Lichter. Durch die Umlaufzeiten der Planeten ergab sich eine Planetenreihe. Diese wurde erstmals von Vettius Valens in der Spätantike beschrieben. Sie ist unter dem Begriff *chaldäische Reihe* bekannt, oder auch als die *Sieben-Zonen*. Daraus entstanden dann unsere Wochentage. Erstaunlich, dass trotz mehrerer Kalenderreformen und der Christianisierung die Wochentage immer noch nach unseren Planeten benannt sind. Ich nehme dich mit in die Energie von Montag (Mond) bis Sonntag (Sonne). Energie lügt nicht, lerne, sie für dich zu nutzen.

Die Planeten gehören zu Tierkreiszeichen. Wir haben zwölf Tierkreiszeichen und zwölf Häuser in der Astrologie. Wenn du jetzt oben genau mitgelesen hast, haben wir nur zehn Planeten und Lichter. Das heißt, zwei Tierkreiszeichen teilen sich einen Planeten. Das wären Venus und Merkur. Venus ist sowohl mit dem Tierkreiszeichen Stier als auch mit dem Tierkreiszeichen Waage verbunden. Während die Stier-Venus (Freitag) eher für die sinnlichen und körperlichen Genüsse steht, steht die Waage-Venus eher für die geistige Schönheit. Die geistige Verbindung mit Menschen, Harmonie zu leben, das sind Waage-Venus-Themen, ebenfalls Kultur.

Bei Merkur ist es so, dass er Zwillinge und Jungfrau beherrscht. Die Jungfrau steht für die Erde, und ihr Merkur repräsentiert unseren analytisch-kritischen und auf Details blickenden Verstand – der sieht jeden Fehler, ist jedoch hervorragend im Organisieren von Abläufen.
Zwillinge ist veränderliche Luft. Hier ist Merkur neugierig und an allem interessiert, hat tausend Gedanken und jede Info ist interessant – zumindest so lange, bis die nächste Info kommt. Hier finden wir den aufgeschlosseneren Merkur, doch auch den oberflächlicheren.
Wenn wir gleich in die Wochentage starten, berichte ich dir etwas tiefer über die Planeten-Energie und dann kommt ein spielerisches Beispiel zum Tierkreiszeichen.

Du trägst die Energie aller 12 Tierkreiszeichen in dir.

TAG 1

Montag

Gefühle erlaubt

Der Montag ist dem Mond und den Gottheiten Artemis und Selene (griechische Mythologie sowie Luna (römische Mythologie) zugeordnet. Das Licht des Monds erhellt den Nachthimmel. Nachts herrscht das Private und Heimliche. Unsere seelischen Bedürfnisse zeigen wir nicht nach außen. Sie finden wir im Mond wieder.

Die Energie der Mondin

Gleich zu Beginn möchte ich die Frage stellen: Haben seelische Bedürfnisse deiner Meinung nach in unserer Welt Platz?

Montag, der Mondtag, wird von vielen Menschen in unserem Kulturkreis mit Graus erwartet. Eine neue Woche startet, das Rad der Leistung beginnt sich wieder zu drehen. Für viele Menschen ist der Montag der erste Tag einer neuen Arbeitswoche. Einfach nur Sein ist da oftmals nicht möglich. Doch beim Mond geht es genau darum, es geht um unsere inneren seelischen Bedürfnisse. Streng genommen ist der Mond gar kein Planet, sondern ein kleiner Himmelskörper.

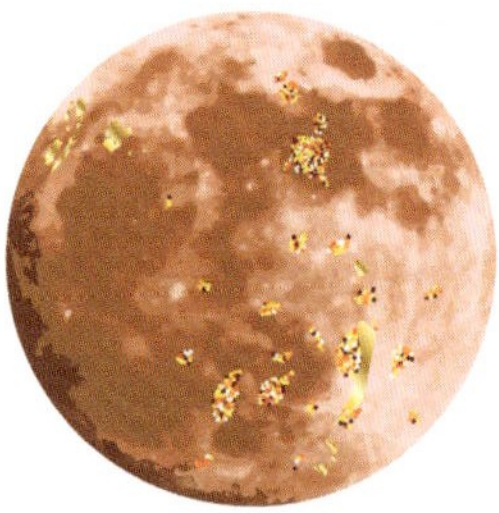

Der Mond beeinflusst die Gezeiten – uns auch!

Die Laune wird von La Luna abgeleitet, und so schnell, wie unsere Laune wechseln kann, so schnell ist auch der Mondzyklus. Wenn wir Tagesenergien deuten, dann spielt der Mond eine große Rolle, er kann die Stimmung der Gesellschaft anzeigen. In der klassischen alten Astrologie steht der Mond für das Volk – so wie die Sonne für den König oder Herrscher steht.

In anderen Kulturkreisen wird von der Mondin gesprochen – ist das nicht erstaunlich? Im Spanischen heißt es *la luna* – die Mondin. Das passt gut, denn die Energie der Mondin ist weiblich, sanft, voller Hingabe und gefühlvoll.

Nutze diese Energie und starte in die Woche, indem du dir selbst eine gute Mutter bist. Versprich dir, deine seelischen Bedürfnisse zu achten. Astrologisch ist der Mond auch der Mutter, deinem inneren Kind sowie den Gefühlen und dem Unbewussten zugeordnet. Begegne anderen Menschen und dir selbst mit Mitgefühl.

In der Nacht ist unser Unterbewusstsein aktiver, manchmal drängen Ängste nach oben. Wir suchen nach Geborgenheit. In der Mondin können wir diese Geborgenheit finden. Falls du deine Mondstellung im Chart kennst, weißt du, was du für dein seelisches Wohlbefinden brauchst. Dein Chart ist dein Geburtsbild, auch Horoskop genannt. Wenn du dein Horoskop berechnen willst, gibt es verschiedene Seiten im Internet, mit denen du dein Chart erstellen kannst. Astro.com ist dafür zum Beispiel eine gute Seite. Um es zu lesen, findest du Inspiration auf meiner Seite und meinem Instagram-Kanal.

Wenn wir fühlen, betrachten wir die Welt subjektiv. Wir nehmen Stimmungen und Gefühle wahr. Nicht umsonst stammt die Laune vom Wort *la luna* ab. Gerade wir Frauen sind zyklische Wesen, unsere Stimmung kann schwanken, genau wie der schnelle Zyklus der Mondin – denn sie durchläuft den Tierkreis von allen am schnellsten. Daher haben wir ca. alle 2,5 Tage eine andere kollektive Stimmung – je nachdem, in welchem Zeichen die Mondin gerade verweilt.

Jeder ist ein Mond und hat eine dunkle Seite, die er niemandem zeigt.
Mark Twain

Jedes Tierkreiszeichen hat, wie du bereits weißt, einen so genannten Herrscher (Bitte bedenke, Astrologie ist eine sehr alte Weisheits- und Symbolsprache. Herrscher werden die Planeten genannt, denen die Tierkreiszeichen zugeordnet sind.). Die Mondin beherrscht die Krebs-Energie. Das Tierkreiszeichen Krebs ist dem Element Wasser zugeordnet. Ein Krebs hat eine harte Schale und einen weichen Kern. Dementsprechend fühlen Menschen, die z. B. ihr Sonnenzeichen (Sternzeichen) oder Mondzeichen im Krebs haben, sehr tief, zeigen ihre Gefühle jedoch nicht

7 MINUTEN FÜR DEINE BEDÜRFNISSE

Nimm dir zum Anfang der Woche Zeit für ein kleines Mond-Ritual:

1. Setze oder lege dich hin. Spüre, wie deine Füße am Boden stehen oder aufliegen. Werde ganz ruhig und atme tief ein und aus.
2. Lege deine Hände auf deine Brüste. Die Brüste nähren und stillen uns schon als Kind. Sie sind der Mondin zugeordnet. Spüre deine Brüste. Verbinde dich mit deiner fürsorglichen mütterlichen Energie.
3. Frage dich: „Welches Bedürfnis in mir will und darf gesehen werden?“ Spüre hin. Beobachte die Wärme zwischen deinen Händen und deinen nährenden Brüsten. Mit dieser urweiblichen Energie nährst du dich und dein inneres Kind.
4. Gib dir ein Versprechen für die Woche. Jeden Tag verbindest du dich 7 Minuten mit einem inneren Gefühl. Wie eine Mutter ihrem Kind hörst du deinem Gefühl zu. Vielleicht möchte Wut oder Trauer gefühlt und gesehen werden. Lass es zu. Deine Seele und dein inneres Kind werden spüren, dass du deinen inneren Bedürfnissen Raum gibst. So müssen diese inneren Gefühle tagsüber nicht wie ungehorsame Kinder an dir zerren. Sie fühlen sich gesehen und gespürt, und in dir kehrt mehr Ruhe ein.

jedem. Wie alle Wasserzeichen (Krebs, Skorpion, Fische) ist der Krebs ein sehr privates Zeichen. Der Krebs ist der Familie, unserem Heim, der Psyche und Seele zugeordnet. Mond- und Krebs-Energie spiegeln dir frühkindliche Prägungen und seelische Bedürfnisse wieder. Der Krebs ist immer hilfsbereit und liebt es, seine Liebsten zu umsorgen. Es soll gemütlich und kuschelig sein. Achte auch darauf, dass du dich an einem Montag entsprechend dieser Energien ganz besonders gemütlich anziehst. Vielleicht hast du auch besonderen Schmuck, wie eine Mondstein- oder Selenit-Kette. Diese verbindet dich zusätzlich mit der Kraft des Mondes.

Fragen und Affirmationen für mehr Mond-Energie

Beantworte dir die folgenden Fragen:

- Habe ich Zugang zu meinem inneren Kind?

  ____

- Wann und wo fühle ich mich geborgen?

  ____

- Bin ich mir selbst eine gute Mutter?

  ____

Schreibe oder sprich folgende Sätze:

- Ich vertraue meiner Intuition.
- Achtsam sorge ich für meine seelischen Bedürfnisse.
- Ich erlaube mir, alle Gefühle zu fühlen.
- Meine fürsorgliche weibliche Seite darf ich zeigen und leben.

TAG 2

Dienstag

Mut tut gut

Du bist in der Woche angekommen. Dein Tatendrang steigt. Dienstag steht unter dem Zeichen des Mars und der Aktivität. Mit der Gottheit Ares kannst du mutig für deine Ziele einstehen, schließlich wird dieser Gott doch auch oft als Kriegsgott bezeichnet. Im übertragenen Sinn kannst du davon ableiten, dass du dich nun besser fokussieren, mutig an deine Ziele glauben und zur Handlung schreiten kannst. Setze die Kraft deines Willens ein, erobere neues Terrain und setze spontan Dinge durch. Diese Energien vermittelt dir der Mars-Tag. Jetzt hast du Kraft und Lebensenergie, um entschlossen voranzugehen.

Entdecke deine männlichen Energien

Eigenschaften wie Durchsetzungskraft und Risikobereitschaft schreiben wir oftmals eher den Männern zu. Zum Teil ist das so auch ganz stimmig, allerdings bestätigen ja bekanntermaßen Ausnahmen die Regel.

Während die Venus für das Weibliche in uns steht, ordnen wir den Mars der Männlichkeit zu. Frei von Geschlechterrollen, hat astrologisch betrachtet jeder Mensch weibliche und männliche Seelenanteile in sich.

Der Rote Planet steht für Vitalität.

Frauen wurden allerdings oft dazu erzogen, ihre Durchsetzungskraft und ihren Mut, also ihre Mars-Energien, zu zügeln. Sie lernen früh, wie vermeintlich wichtig es ist, immer ein braves Mädchen zu sein – das führt zu einem Ungleichgewicht weiblicher und männlicher Energien: Die männliche Energie wird mehr und mehr unterdrückt. Leider hat genau dieser Umstand dazu geführt, dass Frauen oft ihre Grenzen überschreiten lassen und sich zu spät wehren. Entfache deine Mars-Energien und entdecke deine männlichen Seelenanteile wieder!

Der Dienstag ist der richtige Tag, an dem du ab sofort noch mutiger, lauter und ungehorsamer sein darfst! Wenn du das möchtest, setze deine Kraft ein und verfolge deine Ziele. Das Blut in Wallung zu bringen und aktiv sein – all das liebt der Mars.

Widder und Mars gehören zusammen. Der Mars ist somit mit dem ersten von zwölf Archetypen verbunden. Mit dem Widder bringen wir neue Impulse in die Welt, er geht voran, ist mutig und will seine Energie durchsetzen. Widder sind in der Welt, um Mut und

Durchsetzungskraft zu zeigen. Während der Widder die neuen Impulse bringt, so festigt sie der Stier und schafft aus diesen Impulsen Materie.

Wer sein Ziel kennt, findet den Weg.
Laotse

Frage dich: Wo kannst du ab jetzt, jeden Dienstag, ein klein bisschen mehr mutig sein? Auch die Direktheit ist eine Eigenschaft des Widders. Wie wäre es also heute, am Dienstag spontan jemandem ein Kompliment zu machen? Dann ist der Schatten des Widders, sein Gegenzeichen Waage, auch gleich mit im Boot. Also, bitte mehr Komplimente spontan verteilen. Denn du weißt ja, was wir aussenden, kommt zurück.

Durch Bewegung kannst du dein Blut in Wallung bringen und deine Mars-Kraft aktivieren.

7 MINUTEN LEBENSKRAFT

Nimm dir heute am Dienstag Zeit, um deine Mars-Energie zu stärken. So geht's:

1. Stelle dich hin, spüre, wie deine Füße auf dem Boden stehen. Achte darauf, dass dein Becken aufrecht ausgerichtet ist. Atme tief ein. Spüre, wie deine Füße dich tragen und du aufrecht stehst. Nimm deine Schultern etwas zurück, spanne deinen Bauch leicht an.
2. Jetzt tripple ganz leicht mit deinen Füßen am Boden, so schnell du kannst. Tripple so für eine Minute, wenn möglich. Mache dann eine Pause, bleib stehen und atme.
3. Stehe still und reibe jetzt deine Hände aneinander, so fest du kannst. Halte dafür deine Hände auf Brusthöhe mit etwas Spannung und reibe sie aneinander – wenn du kannst, eine Minute lang.
4. Dann lass locker, setze dich hin und spüre, wie Energie und geballte Lebenskraft durch deinen Körper fließen. Dein Blut kam in Wallung. Spüre das Kribbeln und die freigesetzte Energie in deinem Körper. Fühle einige Minuten nach. Spüre dabei in deine Muskeln und dein Herz. Auch dein Herz ist ein Muskel, der Motor deiner Energie. Du hast Power für deinen Dienstag! Dein Motor läuft, um mutig dein Leben zu leben.

Fragen und Affirmationen für mehr Mars-Energie

Beantworte dir die folgenden Fragen:

- Was brauche ich, um ins Handeln zu kommen?

  ____

- Wann spüre ich die Kraft in mir?

  ____

- Spüre ich meinen Lebenswillen und kann ich ihn gezielt aktivieren?

  ____

- Wie fühlt sich Mut für mich an?

  ____

- Wann bin ich mutig?

  ____

Schreibe oder sprich folgende Sätze:

- Ich bin mutig und voller Lebenskraft.
- Ich erreiche meine Ziele und darf für diese einstehen.
- Wut tut gut. Auch Wut darf gefühlt werden, und ich verwandle sie in Mut.
- Spontanität und neue Impulse dürfen mehr und mehr gelebt werden.

TAG 3

Mittwoch

Geist erschafft Materie

Der Mittwoch ist geschäftig. Mitten in der Woche besteht reger Handel – ganz im Sinne von Götterbote Hermes, du kennst ihn heute unter dem Namen Merkur. Er steht für deine Gedanken und die geistige Welt. Er ist der Vermittler zwischen Unterbewusstsein und Bewusstsein. Ein flinker Gott, der für deine Kommunikation und dein Denken steht. Er beschreibt, wie du lernst und logische Zusammenhänge erfasst. Hast du deine Gedanken heute schon beobachtet?

Mache dir Unterbewusstes bewusst

Der Gott Hermes war ein kleiner Trickser und äußerst schlau. So hat ein Merkur-geprägter Mensch (zum Beispiel viele Planeten in Zwillinge oder Jungfrau) meist einen flinken Geist. Vor allem der Zwillinge-Merkur ist ein gewitzter Händler. Er kann mit Sprache überzeugen und hat dabei jeden Trick auf Lager – das kann Merkur gut. Deswegen steht Merkur auch für nähere Reisen, den Verkehr, den Handel und die Logistik. Objektivität, die rasche Aufnahme und Verbreitung von Informationen ist seine Spezialität.

Merkur (Verstand) ist der Sonne (Bewusstsein) nah.

Auch Autorinnen haben oft einen starken Merkur. Während ich diesen Text hier schreibe, ist mein Merkur aktiv. Kein Wunder, schreibe ich ein Astrologie-Buch. Mein Merkur steht im Wassermann (und ist somit der Astrologie zugeordnet) und er ist Herrscher meiner Talente und Ressourcen sowie meines beruflichen Alltags. Du siehst an so einem so kleinen Deutungs-Einblick, wie Astrologie funktioniert.

Habe Mut, dich deines eigenen Verstandes zu bedienen.
Immanuel Kant

Wir identifizieren uns allzu häufig mit unseren Gedanken. Du denkst rund um die Uhr unzählige Gedanken, doch du bist nicht deine Gedanken – das gilt es, sich immer wieder bewusst zu machen. Oft scheitern unsere großen Ziele an Glaubensmustern und Dingen, die uns der Verstand einredet. Nutze seine Kraft für dich!

Der Merkur ist Vermittler zwischen diesen beiden Welten. Als Gott Hermes hat er verstorbene Seelen in die Unterwelt geleitet. Damit hat er eine ganz besondere Rolle eingenommen, denn zum Reich Hades (der Unterwelt) hatte nicht jeder Gott Zugang. So hat er auch einen Zugang zu unserer unbewussten Welt und hilft dir dabei, das Unterbewusste in dein Bewusstsein zu bringen.
Du kannst mithilfe der Merkur-Energien unbewusste Glaubensmuster aufdecken, dir bewusst machen und sie lösen.
Deshalb liebe ich Astrologie so: Sie gibt uns ein berechenbares System, das beruhigt den Verstand, und zugleich wirkt diese tolle Symbolsprache viel tiefer in deinem System und Unterbewusstsein. Oftmals haben wir Sätze und Glaubensmuster von unserer Familie und Ahnen übernommen. Durch Astrologie können wir diese aufdecken und auflösen.

Achte auf deine Gedanken und frage dich: Wie spreche ich täglich mit mir selbst? Mach dir bewusst: Wenn du dir etwas im Geist vorstellen kannst, kann es wahr werden. Schließlich ist jeder tägliche Gebrauchsgegenstand als Idee im Geist eines Menschen geboren – wie faszinierend: Unser Verstand kann die Idee von Materie erschaffen.
Nicht umsonst heißt es auch in der Bibel: „Am Anfang war das Wort." Für uns ist in der Bibel ebenfalls eine Symbolsprache zu finden. Um sie zu entschlüsseln, brauchen wir unseren Geist. Es braucht das Verständnis von Zusammenhängen und neue Ideen, um die Welt ein Stück besser zu machen.

Zwillinge und Jungfrau, ich hatte sie eingangs schon erwähnt, sind mit dem Merkur verbunden.
Zwillinge brauchen den regen Austausch in der näheren Umgebung. Nutze ihre Energie: Neue Informationen können dir ganz

neue Perspektiven im Leben geben. Bücher lesen, Hörbücher hören – damit kannst du Zwillinge glücklich machen. Gerne auch ein netter Plausch mit den Nachbarn, oder in der Umgebung unterwegs sein. Der Mittwoch ist also ein guter Tag, um sich zum Kaffee-Date zu verabreden oder sich ein neues Buch zu kaufen.
Die Jungfrau hingegen liebt ihre Routinen. Wenn du dich mit diesem Archetyp verbinden willst, ernähre dich gesund und bewusst. Sammle beispielsweise am Mittwoch Kräuter, denn die Jungfrau ist auch die Kräuterhexe schlechthin, sie kennt für jedes Leiden das richtige Kraut und hilft damit auch gerne anderen Menschen.
Beide Energien zusammen – geht das? Na klar! Wie wäre es zum Beispiel mit einem Markteinkauf zusammen mit einer Freundin? Zusammen plauschen und dabei frisches Gemüse und Kräuter kaufen, und die Mittwochs-Energie ist perfekt gelebt.
Übrigens verdauen wir nicht nur Nahrung, die wir zu uns nehmen, sondern auch Gedanken. Sei also achtsam damit, was du denkst. Wenn wir Gedanken und Sorgen des Verstandes nicht gut verdauen können, reagieren viele von uns mit psychosomatischen Beschwerden oder auch echten Bauchschmerzen. Wie passend, dass die Jungfrau auch dem Darm zugeordnet ist. Nutze ihre Energie, um alle Infos gut zu verdauen.

Formuliere deine Gedanken um

Wenn du dir in Gedanken sagst, „Ich kann xy nicht“ oder „Ich bin xy“, ersetze den Satz künftig wie folgt: „Mein Verstand sagt mir, dass ich xy nicht kann. Doch ich bin nicht mein Verstand. Danke lieber Verstand, dass du mich schützen möchtest, ich weiß, du bist mir eine Hilfe, doch ich identifiziere mich nicht mit dir. Ich kann xy, auch wenn du Argumente dagegen findest. Danke.“

7 MINUTEN GEDANKENKRAFT

Oft lassen wir uns von unseren Gedanken beeinflussen. Lerne, dich davon zu lösen und deine Gedanken einfach weiterziehen zu lassen. So geht's:

1. Setze dich bequem hin und beobachte deinen Atem. Komme dabei mehr und mehr zur Ruhe.
2. Nun beobachte deine Gedanken. Was erzählst du dir, wenn dein Geist ruhig werden darf? Vielleicht schweifst du mit den Gedanken ab und denkst: „Was koche ich denn heute Abend?“, oder du zweifelst und denkst: „Ich kann das ja sowieso nicht.“
3. Stell dir den Himmel vor. Jede Wolke, die du vorbeiziehen siehst, nimmt einen Gedanken von dir auf. Du beobachtest, wie deine Gedanken mit den Wolken an dir vorbeiziehen. Deine Gedanken steigen mit den Wolken immer höher in den Himmel hinauf. Dein Geist wird immer klarer. Du wirst ruhiger und kannst deinem Inneren mehr und mehr lauschen. Du wirst zum Beobachter deiner Gedanken. Du bist nicht mehr deine Gedanken, du beobachtest sie.

Je mehr du übst, deine Gedanken auf Wolken vorbeiziehen zu lassen und sie zu beobachten, umso weniger identifizierst du dich mit deinen Gedanken.

Lass deine Gedanken einen spontanen Ausdruck finden. Alles, was du dir von der Seele schreibst, ist gut.

Deine Gedanken und Erlebnisse niederzuschreiben, kann dir dabei helfen, deinen Verstand zu beruhigen. Schreibe darin so oft wie möglich deine Gedanken auf. Dein Verstand wird ruhiger, wenn du dich deinen Gedanken bewusst widmest. Schreibe gerne jeweils eine Seite alles Negative auf, was dich an dem Tag begleitet hat. Dann sind diese Gedanken aus deinem System.

Dann schreibe eine Seite voll mit positiven Gedanken oder Erlebnisse auf. Du kannst zum Beispiel jeden Abend ein paar Dinge aufschreiben, für die du an diesem Tag besonders dankbar bist – wie eine Art Dankbarkeits-Tagebuch. Schreibe gerne auch die ganz kleinen Dinge auf, zum Beispiel, dass du abends ein leckeres Essen gekocht hast und dafür dankbar bist. Je öfter du deine Dankbarkeit niederschreibst, umso mehr lernt dein Geist, sich mehr auf die positiven und weniger auf die negativen Dinge zu fokussieren.

Fragen und Affirmationen für mehr Merkur-Energie

Beantworte dir die folgenden Fragen:

- Lerne ich gerne?

____

- Worüber könnte ich mich stundenlang unterhalten?

____

- Bin ich gerne unterwegs?

____

- Habe ich einen guten Orientierungssinn?

____

- Reflektiere ich meine Gedanken?

____

Schreibe oder sprich folgende Sätze:

- Meine Ideen sind großartig und es ist möglich, sie in Materie zu wandeln.
- Ich denke, doch ich bin nicht meine Gedanken.
- Ich kommuniziere voller Freude und Leichtigkeit.
- Neue Infos verdaue ich schnell und kann sie gut für mich nutzen.

TAG 4

Donnerstag

Dein Glas ist halb voll

Erkenntnis bringt Glück? Durch die Erweiterung deines Horizonts findest du zu einem höheren Sinn. Am Donnerstag darfst du dich mit Jupiter und seiner Hoffnung verbinden.

Kennst du das? Die Gedanken, dass Glück und Fülle vielleicht für andere möglich sind, jedoch nicht für dich?

Erlaube dir mehr Glück

In unserer Gesellschaft herrscht starker Leistungsdruck und es gelten gewisse Regeln und Normen (dafür steht der Saturn). Wir haben verlernt, uns Erfüllung und Glück zu erlauben und zu spüren, zum Beispiel große Visionen, die du dir erfüllen möchtest. Beginne doch einfach gleich heute damit, dir jeden Tag Momente voller Erfüllung und Glück zu schaffen.

Erkenne deinen Sinn auf Erden, und es entsteht Erfüllung.

Am Donnerstag freuen sich viele Menschen schon auf das Wochenende. Hoffnung auf unbeschwerte Tage liegt in der Luft. Genau dafür steht der Jupiter, für Hoffnung, Optimismus und Zuversicht. Er kann alles vergrößern, sein Metier ist die Expansion. Der Donnerstag steht ebenfalls unter dem Schirm des Glaubens und der Sinnhaftigkeit. Ohne Sinn ist vieles trostlos. Mit Jupiter an deiner Seite erlangst du große Erkenntnisse und lernst große Lebensweisheiten für dein erfülltes Leben.

Jupiter ist Göttervater Zeus. Er wird als Vater des Lichts beschrieben. Auch heute noch bringt Jupiter das Licht der Erkenntnis zu uns. Du kannst jeden Donnerstag dafür nutzen, dich mit deinen größeren Visionen zu verbinden. Voller Optimismus kannst du die Kraft Jupiters nutzen.

Halb Mensch, halb Pferd, mit einem Pfeil, der gen Himmel zeigt – so wird das Zeichen Schütze dargestellt, welches zum Jupiter gehört und den tierischen Trieb, den Geist der Menschen und die göttliche Essenz und Erkenntnis vereint.

Ein Schützen-Motto lautet: „Auf dem Rücken der Pferde liegt das Glück der Erde.“ – finde für dich heraus, ob es stimmt.

Nichts ist unmöglich

Der Schütze strebt also nach Erkenntnissen und dem höheren Sinn. Mit diesem Archetyp trittst du in Verbindung, wenn du zum Beispiel Astrologie studierst und sich daraus für dich Erkenntnisse ergeben. Schützen reisen gerne in ferne Länder – das ist wahrscheinlich leider nicht jeden Donnerstag möglich, doch wie wäre es, donnerstags einer neuen Kultur zu begegnen? Vielleicht ein Restaurant, das dir Essen aus fernen Ländern kredenzt.

Arbeite an Donnerstagen auch an deinen großen Visionen. Für Schütze ist nichts unmöglich und das Glas immer halb voll. Erinnere dich daran und spüre Glück, Fülle und Dankbarkeit.

Bekanntlich mehrt sich Glück, wenn wir es teilen, überlege dir daher, wen deiner Liebsten du donnerstags zum Essen oder für gemeinsames Philosophieren einladen könntest.

Die Hoffnung ist der Regenbogen über dem herabstürzenden Bach des Lebens.
Friedrich Nietzsche

Der Schütze ist tolerant und kann in jeder Situation etwas Positives finden. Doch, wie oben beschrieben, gibt es auch eine explosive Seite. Jeder Planet und jedes Tierkreiszeichen haben lichtvolle und Schattenseiten. Es ist okay, wenn auch manchmal die explosive Seite durchkommt. Konzentriere dich dann auf deine großen Visionen – es ist nichts schlecht daran, wenn du vor Ungeduld auch mal lauter wirst.

Wenn du Jupiter und Schütze in deinem Geburtsbild erkennst und weißt, wie er gelebt werden kann, dann weißt du, wo Glück für dich liegt. Das kannst du mit meinem Selbstlern-Astrologie-Kurs oder in einem persönlichen Horoskop-Reading herausfinden.

Manifestiere deine Vision

Manifestation ist so ein großes Wort und aktuell in aller Munde. Bevor ein Zustand, ein Gefühl oder Materie in unser Leben treten kann, braucht es eine Vorstellung davon. Jede große Erfindung, jede technische Errungenschaft begann mit einer Idee, einer Vision. Dann kann die Vision, die du visualisierst, in einem Leben manifestiert, also quasi auf die Erde gebracht werden.
Wichtig ist, dass du spürst, warum du etwas möchtest. Nehmen wir als Beispiel, du wünschst dir eine neue Küche. Was ist die Intention dahinter? Wie würdest du dich fühlen, wenn du dann deine neue Küche hättest? Wie würde dein Leben sich verändern? Was wäre im Alltag vielleicht mehr möglich für dich? Zuerst ist es wichtig, zu prüfen, warum du etwas möchtest.
Nehmen wir das große Beispiel Traummann. Was steckt hinter diesem Wunsch? Verbinde dich mit diesen Gedanken und schreibe sie auch gerne auf. Dazu auf Seite 35 und 36 mehr.
Super wichtig ist, wenn du deine große Vision hast, sie zu spüren. Stelle dir vor und fühle, wie du dich fühlen würdest, wenn XY in dein Leben getreten ist. Vielleicht kennst du das, du schaust einen traurigen Film und wirst selbst ganz sentimental. Du spürst Gefühle, obwohl diese Geschichte aus dem Film nicht real bei dir passiert. Dein Unterbewusstsein kann manchmal nicht unterscheiden, was real ist und was nicht. Es erzeugt Gefühle. Deshalb spüren wir zum Beispiel auch Ängste in Bereichen, wo sachlich bewertet vielleicht gar keine Angst nötig wäre. Wenn wir etwas sehen oder uns etwas vorstellen, dann werden diese Eindrücke an unser Gehirn gemeldet. Genauer gesagt ist das limbische System für die Verarbeitung unserer Emotionen zuständig.

7 MINUTEN VISUALISIEREN UND MANIFESTIEREN

Folgende Übung hilft dir, deine Träume und Visionen zu manifestieren. Nimm dir heute 7 Minuten Zeit dafür.

- Mach es dir bequem und schreibe auf, was deine große Vision ist.

  ____

- Schreibe einige Sätze in der Präsensform auf, wie du dich fühlst, wenn XY in deinem Leben ist. Setze zur Verstärkung dahinter gerne ein „Danke“. (Beispiel: „In meiner neuen Küche habe ich mehr Platz und bereite voller Freude gesundes Essen zu. Danke.
  Durch die neue Küche und die Möglichkeit, mehr gesundes Essen zuzubereiten, weiß ich, dass meine Familie sich gut fühlt und ich eine gute Mutter bin. Danke.“)

  ____

  ____

Jetzt visualisiere dich in deiner neuen Küche/mit deinem Traummann/deinem Traumjob/... Du siehst dich dort stehen. Du fühlst deine Freude und Dankbarkeit.

- Damit sich deine Vision jetzt wirklich manifestiert, darfst du Schritte dafür einleiten. So führe ich zum Beispiel mein Unternehmen Universumspost. Mein Unternehmen ist auf meinen Energien aufgebaut und ich visualisiere meine Ziele. Doch dann dürfen Dinge auch umgesetzt werden. Beides gehört zusammen.

Fortsetzung nächste Seite >>

- Schreibe daher jetzt auf. Was können die ersten Schritte für deine Vision sein? Gehe Schritt für Schritt vor. Beim Küchenbeispiel holst du dir zuerst ein Angebot bei einem Küchenstudio ein.

  ___

  ___

- Verbinde dich, ab jetzt, jeden Tag kurz mit deiner Vision. Jeden Donnerstag kannst du deine Notizen nochmal durchgehen und gegebenenfalls abändern.
- Nun vertraue. Ich ziehe gerne den Vergleich mit einer Bestellung in einem Online-Shop. Du möchtest was bestellen, wie einen Wunsch beim Universum. Du suchst konkret aus, was du bestellen möchtest. Bei größeren Anschaffungen vergleichst du vielleicht vorher Angebote. Dann bestellst du deinen Artikel und lässt los. Du vertraust darauf, dass deine Ware geliefert wird. So gehe bitte auch beim Manifestieren vor. Kenne deine Details, das Was, Wie und Warum. Bestelle (verbinde dich mit dem Gefühl und sieh die Version von dir) und dann lass los.
- Einmal pro Woche prüfe, wie weit dein Päckchen schon ist. Visionen dürfen sich auch wandeln, vielleicht stellst du in diesem Prozess fest, dass du etwas anderes brauchst. Gehe mit kindlicher Neugier und Freude an diese Prozesse. Auch hier gilt: Übung macht den Meister.

Viel Freude bei deinen großen Visionen!

Übrigens: Es gibt eine sehr kraftvolle Manifestations-Audio mit Meditation von mir. Wenn du in deiner Instagram-Story mein Buch teilst, schenke ich sie dir.

Fragen und Affirmationen für mehr Jupiter-Energie

Beantworte die folgenden Fragen:

- Wie kann ich einen höheren Sinn in meinen Alltagstätigkeiten finden?

  ____

- Habe ich größere Visionen?

  ____

- Welche sind es?

  ____

- Woran glaube ich?

  ____

- Erlaube ich mir Fülle und Glück?

  ____

Schreibe oder sprich folgende Sätze:

- Ich glaube an meine Visionen.
- Jeden Tag verbinde ich mich mehr mit der Version von mir, die Erfüllung in sich spürt.
- Meine Zuversicht und mein Glaube helfen mir, meinen Alltag voller Sinnhaftigkeit zu meistern.
- Ich erlaube mir pure Fülle und Glück.
- Neue Erkenntnisse und das Entdecken von neuen Kulturen machen Freude.

TAG 5

Freitag

Schönheit liegt im Auge des Betrachters

Findest du dich schön? Bist du verbunden mit deinen inneren Werten? Der Freitag eignet sich hervorragend dazu, dich mit deiner (inneren) Schönheit und deinen Werten zu beschäftigen. Vielleicht kann der Freitagabend zu deinem Selbstwert- und Wellness-Abend werden. Ein entspanntes Bad, eine Selbstmassage und anschließend ein genussvolles Essen? Ganz Venus-like. Du könntest auch jeden Freitag dazu nutzen, deinen Geldbeutel neu einzuräumen oder dein Konto zu checken.

Der Start ins Wochenende

Für viele Menschen beginnt am Freitagnachmittag das Wochenende, eine kleine Auszeit. Das ist ganz im Sinne der Venus, denn Göttin Aphrodite steht für Liebe, für Beziehungen, Genuss, Kunst, Schönheit, Weiblichkeit und Fruchtbarkeit. Ebenso steht sie aber auch für unsere Werte und Finanzen.

Venus kann sich maximal 48° von der Sonne entfernen.

Die germanische Göttin Freya ist das Pendant zur griechischen Göttin Aphrodite, nach ihr wurde der Freitag benannt.

Die Venus sucht nach Liebe und Schönheit. Wenn du selbst Liebe und Schönheit erkennst, kommst du mehr mit deinem Selbstwert in Kontakt. Auch bei ihr gilt das Motto: „Glück verdoppelt sich nur, wenn man es teilt.“ Themen wie Harmonie, Teilen und in Verbindung mit anderen kommen werden dem Waage-Venus-Prinzip zugeordnet. Materielle Werte und sinnliche Genüsse sind eher Stier-Venus-Freuden.

Allzu oft knüpfen wir unseren Selbstwert und unsere Schönheit an vorgegebene Schönheitsideale und der Schönheitswahn nimmt immer kuriosere Formen an. Eigentlich dient jede Optimierung des Äußeren immer nur dem guten Gefühl im Inneren – man möchte begehrt sein und geliebt werden. Dabei kommt wahre Schönheit tatsächlich von Innen. Das werden früher oder später auch die Menschen aus deinem engen Umfeld erkennen, sie werden sehen, wie dein Selbstwert ist, wie du liebst und welche Werte dir wichtig sind. Die gute Nachricht dabei: Dein inneres Strahlen toppt deine äußere Schönheit immer, außerdem ist Schönheit vergänglich, ein reines Herz voller Liebe bleibt. Verstehe mich nicht falsch, ich möchte damit nicht sagen, dass du nicht schön sein darfst. Natürlich kann auch äußere Schönheit helfen, deinen Selbstwert in dir zu steigern. Wähle zum Beispiel Farben, die dich strahlen lassen, oder Schmuck, mit dem du dich gut fühlst. Mach das, was sich gut anfühlt, nicht das, was vielleicht einem Idealbild aus den Sozialen Medien näherkommt. Du bist schön, so wie du bist. Trau dich, DU zu sein! Deine Einzigartigkeit ist deine Stärke.

Die Schönheit der Dinge lebt in der Seele dessen, der sie betrachtet.
David Hume

Waage- und Stier-Venus vereinen

Venus zeichnet mit ihrem Umlauf in etwa 8 Jahren ein fast exaktes Pentagramm in den Himmel. Diese Pentagramm-Struktur findet sich auch in der Rosenblüte wieder, die Blume, die für die Liebe steht. Auch im Kerngehäuse des Apfels finden wir ein Pentagramm

Für einen Menschen, der deine Energie sucht, bist genau du wunderschön.

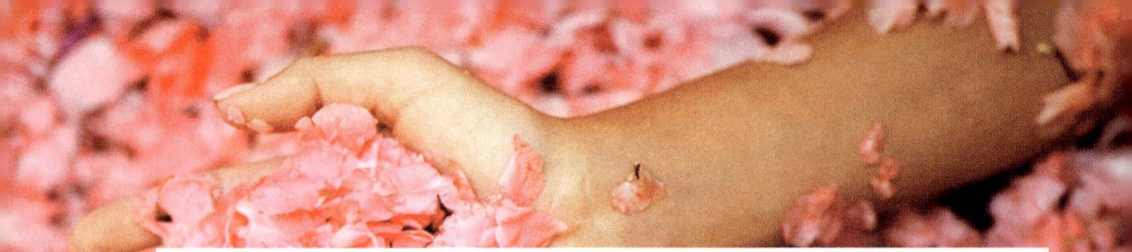

7 MINUTEN GENUSS UND ENTSPANNUNG MIT EINEM ROSENBLÜTENBAD

Nimm dir deine Wellness-Auszeit und verbinde dich mit deinem Selbstwert. Lass dir dafür Badewasser ein und stelle dir Kerzen auf deinen Badewannenrand. Streue dann Rosenblätter ins Badewasser oder nutze ein paar Tropfen eines hochwertigen Rosenöls. Lege dir einen tollen Roman oder ein Hörbuch parat. Wenn du magst, kannst du, bevor du in die Wanne steigst, die **Spiegelübung** machen:

- Ziehe dich dafür aus und stelle dich nackt vor den Spiegel. Falls dir das unangenehm ist, bleibe dabei bekleidet.
- Sag deinem Spiegelbild: „Ich bin schön."
- Betrachte deine Gesichtszüge, deine Arme, deinen Bauch. Versuche, jedes Körperteil einmal für ein paar Sekunden im Spiegel zu betrachten, und sag dabei: „Ich bin schön."
- Umarme dich selbst, spüre Dankbarkeit für deinen Körper. Spüre deine Sinne. Nimm den Rosenduft deines Badewassers wahr. Vielleicht hörst du leise Musik. Spüre die Wärme deiner eigenen Umarmung.
- Bleibe einige Sekunden in deiner eigenen Umarmung und sag dir selbst: „Ich liebe mich, ich bin schön."
- Es kann sein, dass du am Anfang einen Widerstand spürst, diese Worte zu sprechen oder zu glauben. Dann beginne ganz langsam mit dem, was du spürst und glauben kannst. Dein Körper soll sich angenommen fühlen. Vielleicht fühlt es sich gut an, wenn du sagst: „Ich liebe einen kleinen Teil meines Körpers, meine Lippen finde ich schön."
- Je öfter du diese Übung machst, umso mehr glaubt dir dein Inneres, dass du schön bist, und es fällt dir leichter, dir selbst das auch zu sagen.

und der Apfel war die verbotene Frucht im Paradies. Adam und Eva ließen sich von der Schlange verführen, in den verbotenen Apfel zu beißen. Das brachte, nach christlichem Glauben, den Sündenfall über die Menschheit. Diese Geschichten sind symbolisch zu verstehen und sie dienten vielleicht auch dazu, die weibliche Urkraft dem Mann zu unterstellen. Der Beginn des Patriarchats? Weiblichkeit wird in unserer heutigen Welt seit vielen Jahren entweder in eher sexistischer Richtung ausgelebt oder sie wird unterdrückt. Frauen sollen ihren Mann stehen und ebenso Leistung bringen.
Wir alle haben eine weibliche Urwunde. Männer hatten sehr lange das Sagen in unserer Welt. Hexen und Heilerinnen wurden früher am Scheiterhaufen verbrannt. Echte Weiblichkeit und Sinnlichkeit zu leben, ohne damit in eine sexuelle Richtung gedrängt zu werden, ist nach wie vor oft schwer.
Symbolisch steht die Geschichte des Sündenfalls auch dafür, dass Frauen ihre Urkraft nicht leben durften. Glaube ist etwas Schönes, bringt Vertrauen. Doch die Institution Kirche war eine Männer-Domäne, in der Frauen nur wenig zu sagen hatten. Du persönlich kannst dich immer wieder mit deinem Unterleib verbinden und die Kraft dort spüren – ganz ohne sexuellen Bezug. Du darfst deine Venus, deine Weiblichkeit entdecken. Die Venus in deinem Chart kann dir zeigen, wie du deinen Selbstwert verkörpern kannst.

Von Waage-Venus und Stier-Venus hatte ich dir zu Beginn schon berichtet. Der Venus-Energie kommst du am nächsten, wenn du beide Seiten lebst und die sinnlich körperliche Liebe (Stier-Venus) mit der geistig kulturellen Liebe (Waage-Venus) vereinst. Wie wäre es zum Beispiel, wenn du am Freitagabend in deinem schönsten Outfit ins Museum oder zu einem Vortrag gehst – zusammen mit deinem Lieblingsmenschen? Anschließend könnt ihr euch ein genüssliches Dinner gönnen: Gute Gerüche, schmackhafte Speisen

Übung

ROSENQUARZ-LIEBES-LADUNG

Der Rosenquarz hilft dir dabei, die Venus-Energie zu spüren und deine Selbstliebe und Dankbarkeit zu stärken.

- Mache es dir gemütlich, setze oder lege dich hin.
- Nimm deinen Rosenquarz (Liebes-Stein) in deine Hände.
- Wenn du magst, trage auf deine Handflächen ein paar Tropfen hochwertiges Rosenöl auf.
- Schließe deine Augen und spüre den Rosenquarz in deinen Händen.
- Führe den Heilstein zu deinem Herzen. Lege deine Hände mit dem Stein auf dein Herz.
- Stell dir vor, wie Liebe aus dem Stein in dein Herz strömt und andersherum. Du kannst dir Liebe als helles goldenes Licht in deinem Herzraum vorstellen.
- Nun lass dieses goldene Licht in deinem Herzen größer und heller werden. Spüre, wie dein Herzraum sich öffnet. Dein Rosenquarz nimmt deine Herzens-Energie auf und gibt Liebe ab.
- Komm dann langsam wieder in den Moment zurück.
- Jetzt ist der Rosenquarz mit deiner Herzens-Energie verbunden, und wann immer du im Alltag die Liebe verlierst, nimm den Stein zur Hand und erinnere dich an deine Herzens-Energie der Liebe.

und Berührungen sind für Stier-Venus der Himmel auf Erden. Oder du gönnst dir an einem Freitag öfter mal eine Massage. Auch eine Selbstmassage, um dich so mit deiner Selbstliebe und deinem Wert zu verbinden, ist immer schön und machbar. Anschließend noch ein schönes Gespräch mit einem lieben Menschen, und die Venus Energie ist perfekt gelebt

Übrigens: Du kannst alles dafür tun, nicht du selbst zu sein, du kannst dein Äußeres verändern oder deine Gestik. Doch deine Energie wirkt auf andere Menschen so viel mehr, als dir vielleicht bewusst ist. Unsere Liebessprache kann nicht verstellt werden!

Fragen und Affirmationen für mehr Venus-Energie

Beantworte die folgenden Fragen:

- Was finde ich schön (welche Stoffe, Formen oder Werte)?

___

- Wann fühle ich mich geliebt und wie steht es um meine Selbstliebe?

___

- Erkenne ich meinen eigenen Wert?

___

- Welche Werte sind mir wichtig?

___

Schreibe oder sprich folgende Sätze:

- Ich bin wertvoll und geliebt zu jeder Zeit.
- Ich erkenne meinen Wert und stehe für meine Werte ein.
- Ich erlaube mir Genuss und Entspannung.
- Die Beziehung zu mir und anderen ist erfüllend für mich.
- Schönheit ist, wie ich mich fühle, und ich erlaube mir, mich schön zu fühlen, denn ich bin schön.

TAG 6

Samstag

Erst die Arbeit, dann das Vergnügen

Samstag ist bei vielen Menschen Putz- oder Einkaufstag. Bei dir auch? Irgendwie sind meist alle mit Aufgaben beschäftigt, die unter der Woche liegen geblieben sind: Haushalt, Wäsche, Kuchen backen, im Garten arbeiten, Auto waschen. So sehen wohl viele Samstage bei vielen Menschen aus. Wie gut nutzt du deine Zeit am Tag des Saturns?

Verbinde dich mit deinen Zielen

Vielleicht bist du wie ich dein eigener Chef, dann verschwimmen dies Grenzen der Wochentage. Als Selbständige darfst du dir selbst Strukturen erschaffen, sonst läuft kein Geschäft. Genau das ist die Saturn-Energie.

Noch ist nicht der Tag, der für viele nur unter dem Zeichen Ruhe und Vergnügen steht, der Sonntag. Der Samstag steht daher oft ganz unter dem Motto: „Erst die Arbeit, dann das Vergnügen." Der Saturn, der dem Samstag zugeordnet wird, ist der Planet für Strukturen, Ordnung, Disziplin und Ehrgeiz. Doch auch die Themen Einsamkeit, Karma und Stille verbinden wir mit ihm.

Die harten Erfahrungen sind oft die größten Lehrer.

Früher galt der Saturn als der letzte Planet, er war gerade noch mit dem menschlichen Auge sichtbar und stand für die Schwelle zum Jenseits – den Tod. Diese Begrenzung spiegelt er uns auch heute noch.

Seine wie ich finde schönste Form ist der weise Eremit, der allein und ohne Konsum auf einer Hütte mitten in der Natur lebt. Du fragst dich, weshalb Einsamkeit mit dem Saturn in Verbindung gebracht wird? Bevor Uranus, Neptun und Pluto entdeckt wurden, galt Saturn als der letzte Planet, als der Herr der Schwelle. Deswegen wurde er auch mit dem Tod und der Zeit in Verbindung gebracht.

Wir alle haben eine irdisch begrenzte Lebenszeit, wir alle sterben alleine. Diese Energie steckt auch in der Einsamkeit. Wir hören oft von sehr erfolgreichen Menschen, dass am Ende des Lebens kein Reichtum im Außen mehr zählt. Saturn spiegelt das Begrenzte, den

Fokus. Er bringt uns zu Reife und Meisterschaft in dem Lebensbereich, in dem er bei uns im Geburtsbild steht. Das verkörpert der weise Eremit.
Oft müssen wir Einsamkeit erst noch schätzen lernen, damit wir uns ihr hingeben können. Gerade am Samstag wird vielen Menschen bewusst, dass sie alleine sind. Der Berufsalltag ist für einen Moment zu Ende und pausiert. Plötzlich steht Zeit zur Verfügung, die genutzt werden möchte. Es gibt Menschen, die fühlen sich besser, wenn sie Routinen und Aufgaben der Woche weiterführen können. Wie ist das bei dir?

An einem Samstag kannst du dich wunderbar mit deinen Zielen verbinden. Denn Saturn möchte, dass du Meisterleistungen vollbringst. Ein strenger Lehrer ist er, doch er hat auch karmische Lektionen im Gepäck. Wenn du ihn kennenlernst, verliert er seinen Schrecken, er ist hart, doch gleichzeitig sehr gerecht. Wie eine faire Karriereleiter, die du hinaufklettern und bei jeder Stufe deinen Erfolg spüren kannst. Du darfst deinen Platz in der Gesellschaft finden und eintreten in das Erwachsen-Sein. Wir wollen alle gerne unsere Freiheiten, doch sind wir auch bereit, all die Verantwortung zu übernehmen, um ein erfülltes, gesundes und erfolgreiches Leben zu gestalten? Das ist genau die Samstags-Thematik.

Kaum verloren wir das Ziel aus den Augen, verdoppelten wir unsere Anstrengungen.
Mark Twain

Zeit ist nicht unendlich, auch das lehrt Saturn. Nutze deine Zeit effektiv. Übernimm Verantwortung für deine Selbstfürsorge und dein Glück.

Der Steinbock, der mit dem Saturn verbunden ist, liegt dem Zeichen Krebs gegenüber. Jedes Tierkreiszeichen hat einen sogenannten Gegenspieler. Ein Zeichen, das ihm gegenüberliegt. Es gibt also 12 Tierkreiszeichen und 6 Paare der Tierkreiszeichen. Wie bei deinen Achsen im Geburtsbild sollte dein Sternzeichen auch immer vom ihm gegenüberliegenden Zeichen lernen. Steinbock darf vom Krebs lernen, mehr Gefühle zuzulassen. Krebs darf vom Steinbock lernen, in der Gesellschaft mehr Verantwortung zu übernehmen.

Spirituelle Verantwortung lässt dich in höheres Bewusstsein wachsen. Fokussiere deine Energie auf deine Ziele.

7 MINUTEN FOKUS UND ZIELE

Die folgende Übung kannst du für einen kleinen Zeitraum von einer Woche machen oder dir eine größere Zeitspanne ansehen. Ich empfehle dir, die Übung erst ein paar Wochen jeden Samstag zu machen. Dann kannst du mit größeren Zielen und Reflexionen arbeiten.

- Setze dich hin, mache es dir gemütlich. Schaffe Ruhe.
- Lege dir ein Notizbuch bereit.
- Schreibe von jedem Tag deiner letzten Woche zwei Einsichten oder Momente auf. Was ist an dem Tag gut gelaufen, was vielleicht nicht? Das kann auch nur so etwas sein wie: „Am Montag habe ich es geschafft meinen Tee vor der Arbeit in Ruhe zu trinken“ oder „Am Dienstag habe ich zwei wichtige Telefonate erledigt – super!“
- Dann widme dich jetzt deinen Zielen für die nächste Woche. Fang klein an, denn du wirst jedes Mal stolz und erfüllt sein, wenn du ein Ziel abhaken kannst. So trainierst du dein Gehirn auf Erfolg.
- Schreibe ganz bewusst „Ziele“ und nicht „To-dos“ auf. Ziele klingen lukrativer für deinen Verstand. Ein Ziel-Beispiel wäre: „Dienstagabend lege ich schon ein tolles Outfit für Mittwochmorgen zurecht, das erleichtert mir das Aufstehen.“
- Überprüfe gerne nach einer Woche deine Ziele und reflektiere, was gut lief.

Fortsetzung nächste Seite >>

- Nach ein paar Wochen Übung schreibe größere Ziele für eine längere Zeitspanne. Du bist nun schneller auf Fokus und Erfolg programmiert, dein Gehirn kennt den Prozess.

Aus eigener Erfahrung kann ich dir sagen, ich habe nie gerne geplant oder Ziele festgelegt. Meine Wassermann-Energie braucht es, frei zu gestalten. Doch Ziele und etwas Struktur haben mir geholfen, noch mehr Freiheit in einem gewissen Rahmen zu leben. Also, probiere es mal aus. Vor allem Fokus und Klarheit sind zwei absolute Turbo-Energien, wenn es um das Erreichen von Zielen geht. Manchmal braucht es auch die Disziplin, dein Smartphone oder Netflix wegzulegen und für deine Träume zu arbeiten. Es lohnt sich, glaub mir.

Der klassische Business-Typ ist dem Archetypen Steinbock zugeordnet. Dem Steinbock fällt es oft schwer, Zugang zu seinen Gefühlen zu finden. Dieses Zeichen ist auf Leistung und Erfolg eingestellt. Es braucht immer eine Balance zwischen den Tierkreiszeichen-Energien. Krebs darf vom Steinbock lernen, dass fokussiertes Arbeiten manchmal von Nöten ist, um Ziele zu erreichen, egal wie die Laune gerade ist. Andersherum darf Steinbock vom Krebs lernen, dass es nicht immer nur um Leistung und Disziplin im Leben geht. Sondern, dass auch erwachsene Menschen ihre gefühlvolle kindliche Seite leben dürfen und ihre seelischen Bedürfnisse äußern dürfen.

Verbinde dich am Samstag mit dieser ganz glasklaren Fokus-Energie und plane Schritt für Schritt deine Ziele.

Schaffe jeden Tag zeitliche und auch physische Räume für deine Selbstfürsorge-Praxis. Trage dir Pausen und schöne Auszeiten genauso in deinen Kalender ein wie berufliche oder familiäre Termine. Deine Zeit für dich ist wichtig, nutze sie.

Fragen und Affirmationen für mehr Saturn-Energie

Beantworte die folgenden Fragen:

- Wann bin ich klar und fokussiert?

___

- Wo trage ich Verantwortung, die nicht meine ist?

___

- Wo scheue ich mich vor Verantwortung?

___

- Wo möchte ich Meisterleistungen erzielen?

___

- Was sind meine größten Ängste?

___

Schreibe oder sprich folgende Sätze:

- Ich darf klare Grenzen setzen und mir einen Rahmen erschaffen, in dem ich mich sicher fühle.
- Meine Ziele erreiche ich mit Klarheit und Fokus.
- Meine Ängste nutze ich, um zu wachsen und Meisterin in genau diesem Thema zu werden.

TAG 7

Sonntag

In der Ruhe liegt die Kraft

Bist du mit deiner Schöpferkraft verbunden? Wenn du deine innere Stahlkraft lebst, kannst du alles erschaffen. Alles, was dir und deiner höheren Energie dient. Sonntag ist der Tag der Ruhe. An diesem Tag haben viele Menschen Zeit, ihre Kreativität zu leben und einfach zu sein. Der Sonnentag will zelebriert werden. Die Sonne strahlt und erschafft Leben. In ihr findest du dein Bewusstsein, deinen Selbstausdruck, dein Selbstbewusstsein, deine Lebensenergie und deine Willenskraft.

Lade deine Energie auf

Die meisten Pflanzen können nur wachsen, wenn sie Sonnenlicht haben. Dafür müssen sie nichts tun, außer das Licht aufzunehmen. So darfst auch du deine Energie am Sonntag aufladen, um zu wachsen und mit deinem Bewusstsein zu strahlen, denn die Sonne möchte gesehen werden. Während der Mond über unser Unbewusstes und die Nacht regiert, ist die Sonnenkraft aktiv, schöpferisch und herrscht über den Tag und dein Bewusstsein. Sonne und Mond sind wie Tag und Nacht, Licht und Schatten.

Schöpfe aus deiner unendlich kreativen Kraft.

In der spirituellen Szene wird manchmal vom „Göttlichen in uns“ oder „dem göttlichen Funken in uns“ gesprochen. Damit ist die schöpferische Sonnenkraft gemeint, dein Bewusstsein in dir. Das Ego wäre dabei die schattenhafte Form deines schöpferischen Bewusstseins.

Die Sonne wurde seit jeher verehrt. Sonnenkreisfeste und Sonnenkult – auch heute orientieren sich viele gängige Religionen daran. Wir suchen dabei stets das Licht, das Licht in uns. Jesus Christus ist laut vieler Wissenschaftler ein Sonnengott, der tatsächlich lebte. An Weihnachten feiern Christen seine Geburt. Wahrscheinlich ist Christus jedoch nicht direkt an unserem Weihnachten geboren. Im Zuge der Christianisierung wurde das Sonnenfest – Wintersonnenwende zu Weihnachten ernannt.

Zur Wintersonnenwende kehrt das Licht zurück und die Tage werden wieder heller. Die Neugeburt der Sonne und des Lebens wird gefeiert. Egal, ob du das Licht oder Christus in dir suchst und findest, du kommst in Kontakt mit deinem Licht und deiner Schöp-

> **Es gibt Maler, die die Sonne in einen gelben Fleck verwandeln. Es gibt aber andere, die dank ihrer Kunst und Intelligenz einen gelben Fleck in die Sonne verwandeln können.**
> Pablo Picasso

ferkraft. Wenn du dein Bewusstsein lebst, bist du im Stande, deine Träume wahr werden zu lassen. Das Licht in dir kann Visionen erschaffen. Träume so groß, wie es nur geht! Eine Sonne lässt sich ihr strahlen nicht verbieten.

Häufig leben wir unsere Stahlkraft nicht, weil wir Angst haben, in unsere volle Macht zu treten. Denn wenn du deine volle Stahlkraft lebst, werden manche Menschen deine Strahlen genießen und andere Menschen wird dein Licht blenden. Strahle, ohne Angst zu haben, andere Menschen zu blenden. Sei ein Licht für andere Menschen.

Der Sonntag kann sehr gut spielerisch genutzt werden – auch das ist die Sonnenkraft: kreativ und lebendig. Frage dich heute: „Was will ich?“ Weite dein Bewusstsein, komm mit deinen größten Wünschen in Kontakt. Nutze jeden Sonntag, um deine Kreativität zu leben und deinen großen Visionen Raum zu geben. Frage dich:

- Was, wenn alles möglich ist?
- Was, wenn du der Star in deinem Universum bist?
- Was, wenn du deine Träume erschaffen kannst?

Der Sonntag ist nur für dich und deine Liebsten. Folge deiner Freude und lass dein Licht stahlen.

Der Löwe ist das 5 Tierkreiszeichen und der Sonne zugeordnet. Löwe-Menschen leben pure Herzlichkeit und Freude in ihrer erlösten Energie. Sie sind die Könige unter den Tierkreiszeichen. Löwe-Energie möchte kreativ ausgelebt und dabei gesehen werden. Für

7 MINUTEN SCHÖPFERKRAFT – DEINE LEBENSBÜHNE

Finde dein persönliches Licht mit dieser Übung. Dein Lichtstrahl ist deine Verbindung zu unendlicher Schöpferkraft. Über diesen Lichtstrahl lässt du Bilder deiner großen Visionen in dich fließen. Mit deinem Lichtstrahl fließen Bilder deiner Visionen in deinen Körper. Du spürst, wie du dich freudig und kraftvoll mit deinen Visionen verbindest. Wie durch ein Förderband aus Licht kommen sie vom Universum in deinen Körper. Jede Vision ist eine Idee, ein Traum, der sich dann in deinem Körper materialisieren darf.

- Stelle dich aufrecht hin. Deine Beine stehen hüftbreit. Geh minimal in die Knie, so, dass du einen lockeren und sicheren Stand hast.
- Nun spüre in dein Herz. Verbinde dich mit deiner Strahlkraft und dem Licht in dir. Vielleicht spürst du das Licht auch mehr im Solarplexus (auf Brusthöhe). Fühle in diesen Bereich und atme tief ein und aus.

- Stelle dir vor, wie ein Lichtstrahl von deinem Herzen aus in Richtung deines Unterleibes fließt – durch deine Beine und deine Waden, bis in deine Füße.
- Jetzt lass den Lichtstrahl durch deine Fußsohlen in den Boden eintreten. Du siehst vor deinem inneren Auge, wie er sich mit Mutter Erde verbindet und Wurzeln bildet.
- Ziehe deinen Lichtstrahl wieder aus der Erde in deinen Körper hinein. Lasse ihn in dir aufsteigen. Von deinen Füßen über deine Beine, durch deinen Bauch über die Wirbelsäule, deine Brust, bis hinauf zu deinem Kopf.
- Stell dir vor, wie der Lichtstrahl über deinem Kopf austritt. Der Lichtstrahl fließt Richtung Himmel.
- Übe das ein paar Mal. In der nächsten Runde streckst du deine Arme und Hände Richtung Himmel, während der Lichtstrahl durch dich und in den Himmel fließt.
- Nimm die Hände wieder nach unten, ziehe den Lichtstrahl wieder in deinen Körper. Spüre, deine Vision lebt jetzt in deinem Körper und kann sich nach und nach mehr entfalten.

Löwe-Menschen gilt das Motto: „Wo ist meine Bühne?“ Sie genießen den Applaus der Menge und haben etwas Königliches an sich. Wie bei allen Feuerzeichen kann auch die Löwe-Energie in unerlöster Form sehr schnell brennen. Sprich, der König, der nicht bewundert wird, lässt seinen Groll schon mal an seinen Untertanen aus. Doch die meiste Zeit ist dieser König wohlwollend und sehr großzügig.

Wie wäre es, wenn du sonntags in deine Queen- oder King-Energie gehst? Wer bist du, wenn dein Licht strahlt? Verbinde dich mit dieser königlichen Energie. Gönne dir Luxus oder kreative Stunden

Übung

ÖFFNE DEIN HERZ

Die Sonne ist dem Herzen zugeordnet in der Astromedizin. Ein zu starres Muskelkorsett kann unsere Herzens-Energie einschließen. Als ehemalige Physiotherapeutin erspüre ich ein freies Herz auch auf körperlicher Ebene. Falls du eine Faszienrolle hast, nutze sie, um dein Herz zu öffnen, so geht's:

- Lege dich mit einer Matte auf den Boden, auf deinen Rücken.
- Lege die Rolle unter deine Brustwirbelsäule, deine Arme legst du seitlich ausgestreckt ab.
- Spüre die Dehnung in deinem Brustkorb.

Praktiziere diese Übung regelmäßig, und deine Herzens-Energie kann frei fließen. Außerdem wirkt sie sich positiv auf deine Haltung aus, so kannst du als Königin in deinem Universum auch schöpferische Energie ausstrahlen. Durch das viele Sitzen, verspannen wir und sperren unsere frei fließende kreative Herzens-Kraft ein.

voller Freuden. Spiel, Spaß und Sex liebt der Löwe übrigens auch. Auch Kinder sind pure Freude für Löwen, denn sie haben die Gabe, wie ein Kind zu spielen. Lebe auch du am Sonntag deinen Spieltrieb aus. Mit Kindern, in Kreativität, oder doch eher mit Erwachsenen-Spielchen? Folge deiner Freude.

Fragen und Affirmationen für mehr Sonnen-Energie

Beantworte die folgenden Fragen:

- Was schenkt mir pure Lebensfreude?

  ____

- Wann bin ich in meiner Strahlkraft?

  ____

- Wer bin ich in meiner Essenz?

  ____

- Wie bewusst bin ich mir meines Seins?

  ____

- Wann fühle ich mich energiegeladen und vital?

  ____

Schreibe oder sprich folgende Sätze:

- Mein Licht strahlt jeden Tag heller.
- Ich erlaube mir, in meine volle Größe zu gehen.
- Ich verbinde mich mit meiner Herzensenergie.
- Ich lebe meine Schöpferkraft.

Danke,

… dass du mein Buch gelesen hast. Nutze die Tipps und integriere die Archetypen und Planeten in deinen Alltag. Ich wünsche dir viel Freude dabei.

Wenn du Lust hast, tiefer in Astrologie einzutauchen, dann findest du auf www.universumspost.de Angebote dazu. Noch spannender wird Astrologie, wenn du lernst, die Energien miteinander zu verbinden. Dann ergibt sich deine ganz einzigartige Energie. Dein kosmischer Fingerabdruck. Wenn du ihn entschlüsselst, kannst du dein Potenzial und deine einzigartige Energie leben. Du bist aus einem Grund hier, du und deine Energie sind wichtig für die Welt. Wegen altem Schmerz und Konditionierungen leben viele Menschen nie wirklich ihre volle Energie, denn sie kennen sie gar nicht. Sie vertrauen nicht darauf, dass sie wunderbar sind. Mit Astrologie können Schatten sichtbar gemacht und integriert werden. Sowie Potenziale freigelegt werden. Alles beginnt mit Erkenntnis.

Erhalte regelmäßig für 0 € Energie-Updates und Astro-Wissen: www.universumspost.de/newsletteruniversumspost

Selbstlern-Astrologie-Kurs: www.universumspost.thrivecart.com/uinverse-academy-selbstlern-kurs/

Folge mir gerne auch auf Instagram, dort inspiriere ich viele Menschen mit Astrologie: @universumspost

BILDNACHWEIS

Mit 1 Farbfoto von Sabrina Mühldorfer (S. 6) und 18 Farbfotos und 8 Farbzeichnungen von AdobeStock (S. 9 yuliya_derbisheva, S. 10 Anthony; S. 12 lavendertime; S. 14 Prostock-studio; S. 16 sonyachny; S. 18, S. 24, S. 32, S. 48 und S. 56 Svetlana; S. 19 Yura Yarema; S. 20 ant; S. 22 zolotareva_elina; S. 27 Inga Av; S. 28, S. 46 und S. 54 Floral Deco; S. 30 onphotoua; S. 35 Carola Stober; S. 38 Jacob Lund; S. 40 zenina; S. 41 deidre; S. 42 Yevhenii; S. 50 shintartanya; S. 51 M Bam/ peopleimages.com; S. 58 Kittiphan).

IMPRESSUM

Umschlaggestaltung von Gramisci Editorial Design, München / Claudia Geffert unter Verwendung von 2 Farbfotos von Ulrike Präcklein (Cover und Autorin), 1 Farbfoto von Sabrina Mühldorfer (Autorin Klappe vorne), 3 Fotos von AdobeStock und 4 Farbzeichnungen (shintartanya (Karten), Galushchenkova (Himmel vorne), Mohwet (Himmel hinten), kris_art (Sonnensystem) und Vola Tsiukhai (Planeten)).

Mit 25 Farbfotos und 12 Farbzeichnungen.

Unser gesamtes Programm finden Sie unter
kosmos.de/nymphenburger

MIX
Papier aus verantwortungsvollen Quellen
FSC® C014138
www.fsc.org

Gedruckt auf chlorfrei gebleichtem Papier

ISBN 978-3-96860-058-1
Redaktion und Projektleitung: Ramona Kapp
Satz: Katrin Kleinschrot, Stuttgart
Produktion: Kim Kanstinger
Druck und Bindung: Finidr, s.r.o., Český Těšín
Printed in The Czech Republic /
Imprimé en République Tchèque

VENUS
MERKUR
MOND
ERDE
MARS
SATURN
JUPITER
URANUS
PLUTO
NEPTUN